Prières en poche de Jean-Paul II

Éditions Artège

ISBN : 978-2-36040-037-9

Prière pour obtenir des grâces par l'intercession du bienheureux pape Jean-Paul II

Ô SAINTE TRINITÉ, Nous Te rendons grâce pour avoir fait don à Ton Église du Pape Jean-Paul II et magnifié en lui la tendresse de Ta paternité, la gloire de la croix du Christ et la splendeur de l'Esprit d'Amour.

Par son abandon sans condition à Ta miséricorde infinie et à l'intercession maternelle de Marie, il nous a donné une image vivante de Jésus Bon Pasteur et nous a indiqué la sainteté, dimension sublime de la vie chrétienne ordinaire, voie unique pour rejoindre la communion éternelle avec Toi.

Par son intercession, accorde-nous, selon Ta volonté, la grâce que nous implorons, animés du vif espoir qu'il soit élevé au plus tôt aux honneurs des autels. Amen.

Florilège de citations de Jean-Paul II sur la prière

[...] Nous savons bien aussi que la prière ne doit pas être considérée comme évidente. Il est nécessaire d'apprendre à prier, recevant pour ainsi dire toujours de nouveau cet art des lèvres mêmes du divin Maître, comme les premiers disciples : « Seigneur, apprends-nous à prier ! » (Lc 11,1).

Comment le pape prie ? Comme tout chrétien... Il parle et il écoute. Parfois il prie sans paroles et alors il écoute d'autant plus, comme dans la prière avec Marie, la Mère du Christ.

Marie, apprends-nous à prier ! La prière n'est pas d'abord pour nous satisfaire. Elle est dépossession de nous-mêmes pour nous mettre à la disposition du Seigneur, le laisser prier en nous.

La prière ne craint pas la répétition [...]. Insister sur les mêmes questions constitue un signe d'intensité et de multiples nuances dans les sentiments, dans les pulsions intérieures, dans les liens d'affection.

L'expérience contemplative, lorsqu'elle est authentique, [...] nous permet de savoir vraiment en quoi consiste la volonté de Dieu et ce que nous devons faire pour obtenir la vie éternelle.

Quand il est difficile de prier, la chose la plus importante est de ne pas cesser de prier, de ne pas reculer devant l'effort. Méditez la vie et les enseignements de Jésus. Dans la Parole inspirée de Dieu, vous trouverez l'aliment spirituel dont vous avez besoin.

C'est surtout en se laissant éduquer à un silence d'adoration que l'on peut approcher cette présence, car au sommet de la connaissance et de l'expérience de Dieu, il y a sa transcendance absolue.

Le Rosaire donne « le rythme de la vie humaine » pour l'harmoniser avec le rythme de la vie divine.

J'ai toujours eu la conviction que sans la prière nous ne parviendrons pas à bien éduquer les enfants.

Parents, n'oubliez pas la prière quotidienne commune, en particulier celle du soir ; la sanctification du dimanche et la participation à la Messe dominicale. [...] Les enfants sont la bénédiction de Dieu. Ils transforment le mari et la femme en père et en mère.

Si vous désirez vraiment suivre Jésus, si vous voulez que votre amour pour lui croisse et dure, soyez assidus à la prière. [...] Sans la prière, votre foi et votre amour finiront par mourir.

Quand nous nous mettons à prier, nous avons l'impression que nous prenons l'initiative. Mais la prière est toujours une initiative de Dieu en nous.

À travers la prière, nous nous plaçons entièrement entre les mains de Dieu, et ce n'est que de Lui que nous attendons la paix authentique.

Prier à partir de la lecture biblique est la voie maîtresse de la spiritualité chrétienne. Qui sait lui consacrer le temps et l'effort nécessaires en recueille des fruits abondants.

Prières au Père

EMMANUEL, DIEU AVEC NOUS.
Vous êtes avec nous.
Soyez au milieu de nous.
Votre condescendance vous a poussé à remplir jusqu'à l'extrême les clauses du pacte conclu avec l'homme, de cette alliance que nous avons si souvent enfreinte et violée.
Soyez avec nous, Emmanuel, Ô Dieu Tout-Puissant et admirable, dans la fragilité d'un enfant.

BÉNI SOIS-TU, ô Père,
car, dans ton amour infini
tu nous as donné ton Fils unique,
qui s'est fait chair par l'action du Saint-Esprit
dans le sein très pur de la Vierge Marie,
et qui est né à Bethléem il y a deux mille ans.
Il s'est fait notre compagnon de voyage,
il a donné un sens nouveau à l'histoire,
qui est un chemin parcouru ensemble
dans la peine et la souffrance,
dans la fidélité et dans l'amour,
vers les cieux nouveaux et la terre nouvelle
où Toi, la mort étant vaincue, tu seras tout en tous.

SOUTIENS, ô Père, par la force de l'Esprit
l'effort de l'Église pour la nouvelle évangélisation
et guide nos pas sur les chemins du monde,
pour annoncer le Christ par toute notre vie
en orientant notre pèlerinage terrestre
vers la Cité de la lumière !
Que les disciples de Jésus brillent par leur amour
envers les pauvres et les opprimés ;
qu'ils soient solidaires de ceux qui sont dans le besoin
et généreux dans les œuvres de miséricorde ;
qu'ils soient indulgents envers leurs frères
pour obtenir eux-mêmes de Toi indulgence et pardon !

Accorde, Père, aux disciples de ton Fils,
une fois leur mémoire purifiée
et leurs fautes reconnues,
d'être un, afin que le monde croie !
Que s'élargisse le dialogue
entre les membres des grandes religions,
et que tous les hommes découvrent
la joie d'être tes enfants !
À la voix suppliante de Marie, Mère des peuples,
que s'unissent les voix priantes des apôtres et des martyrs chrétiens,
des justes de tous les peuples et de tous les temps,
afin que l'Année sainte soit pour chacun et pour l'Église
un motif d'espérance renouvelée
et d'exultation dans l'Esprit !

GLOIRE À TOI, Ô Père,
Dieu d'Abraham, Isaac et Jacob !
Tu as envoyé tes serviteurs,
les prophètes,
pour annoncer ta parole
d'amour fidèle
et appeler ton peuple au repentir.
Sur les rives du fleuve Jourdain ;
tu as envoyé Jean le Baptiste ;
une voix qui crie dans le désert,
envoyé dans toute la région du Jourdain
pour préparer la voie du Seigneur,
pour annoncer la venue du Christ.

DIEU, PÈRE MISÉRICORDIEUX,
qui as révélé Ton amour
dans ton Fils Jésus-Christ,
et l'as répandu sur nous
dans l'Esprit Saint Consolateur,
nous Te confions aujourd'hui
le destin du monde et de chaque homme.
Penche-toi sur nos péchés,
guéris notre faiblesse, vaincs tout mal,
fais que tous les habitants de la terre fassent
l'expérience de ta miséricorde,
afin qu'en Toi, Dieu Un et Trine,
ils trouvent toujours
la source de l'espérance.
Père éternel,
pour la douloureuse Passion
et la Résurrection de ton Fils,
accorde-nous ta miséricorde,
ainsi qu'au monde entier !

NOUS TE RENDONS GRÂCE, notre Père,
pour la vie et la connaissance
que tu nous as fait découvrir par Jésus, ton serviteur.
À toi la gloire pour les siècles !
Comme ce pain rompu,
qui était dispersé sur les montagnes et les collines,
a été rassemblé pour ne plus faire qu'un,
ainsi que ton Église soit rassemblée
des extrémités de la terre dans ton Royaume...
C'est toi, Maître tout-puissant,
qui as créé l'univers,
pour la gloire de ton Nom,
qui as donné aux hommes nourriture et boisson pour qu'ils en jouissent,
afin qu'ils te rendent grâce.
Mais nous, tu nous as gratifiés d'une nourriture et d'une boisson spirituelles

et de la vie éternelle, par ton Serviteur...
À toi la gloire pour les siècles !

PÈRE SAINT, source éternelle,
de vie et d'amour,
qui révèles dans l'homme vivant
l'éclat de ta gloire,
et sèmes dans son cœur
la graine de ta vocation,
fais que personne ne néglige
ni ne perde ce don
à cause de notre incurie,
que tout le monde aspire avec magnanimité
à réaliser pleinement Ton amour.

Sois béni, ô Père, toi qui dans ton grand amour, nous as donné ton Fils unique.
Par l'œuvre du Saint-Esprit, il s'est fait chair dans le sein très pur de la Vierge Marie.
Il est né à Bethléem il y a deux mille ans.
Il s'est fait notre compagnon de voyage et il donna un nouveau sens à notre Histoire : elle est un chemin que nous faisons ensemble, dans le travail et dans la souffrance, la fidélité et l'amour, vers les cieux nouveaux et la terre nouvelle où, la mort étant vaincue, tu seras tout en tous.
Louange et gloire à toi Très Sainte Trinité, Dieu Unique et Très-Haut !

SOUTIENS, Père, par la force de l'Esprit, l'engagement de ton Église pour la nouvelle évangélisation.
Guide nos pas sur les routes du monde pour annoncer le Christ avec notre vie.
Oriente notre pèlerinage en cette terre vers la cité de la lumière.
Que les disciples de Jésus resplendissent par leur amour envers les pauvres et les opprimés.
Qu'ils soient solidaires avec ceux qui sont dans le besoin.
Qu'ils soient généreux dans les œuvres de miséricorde.
Qu'ils soient indulgents envers leurs frères pour obtenir eux-mêmes ton indulgence et ton pardon. Louange et gloire à Toi Très Sainte Trinité, Dieu Unique et Très-Haut !

Prières au Christ

GLOIRE À TOI, ô Christ, Fils de Dieu !
tu es venu dans les eaux
du Jourdain
pour être baptisé
par la main de Jean.
Sur toi l'Esprit est descendu
comme une colombe.
Au-dessus de toi
les cieux se sont ouverts,
et la voix du Père a retenti :
«Celui-ci est mon Fils bien-aimé ! »
Du fleuve béni par ta présence
tu es parti pour baptiser
non seulement avec l'eau
mais avec le feu et l'Esprit Saint.

Ô Christ, conduis les pères et mères de famille vers la vérité... Fortifiés et portés par la grâce du sacrement de mariage, conscients d'être, sur terre, le signe visible de ton amour indéfectible pour l'Église, qu'ils sachent affronter avec sérénité et résolution, en accord avec l'Évangile, les responsabilités de la vie conjugale et de l'éducation chrétienne des enfants.

Ô Christ, conduis les jeunes vers la vérité[...]afin qu'ils ne se laissent pas attirer par les nouvelles idoles; celles de la consommation à outrance, du bien-être à tout prix, de la permissivité morale, de la contestation violente, mais qu'ils vivent ton message dans la joie, le message des Béatitudes, de l'amour de Dieu et du prochain, le message d'un engagement moral pour une transformation authentique de la société.

Conduis, ô Christ, tous les fidèles vers la vérité [...] afin que la foi chrétienne inspire toute leur vie, afin qu'ils deviennent dans le monde de courageux témoins de ta mission de salut et les membres conscients et dynamiques de l'Église, convaincus d'être les enfants de Dieu et les frères, avec toi, de tous les hommes.
Conduis-nous toujours, Ô Christ, dans la vérité !

Seigneur Jésus, Tu es notre Sauveur et notre Dieu !

Fais que notre regard ne se fixe jamais sur d'autre étoile que celle de l'Amour et de la Miséricorde qui brille sur ta poitrine.

Que ton Cœur soit donc, ô notre Dieu, le phare lumineux de la foi, l'ancre de notre espérance, le secours toujours offert dans notre faiblesse, l'aurore merveilleuse d'une paix inébranlable, le soleil qui éclaire nos horizons.
Jésus, nous nous confions sans réserve à ton Divin Cœur. Que ta grâce convertisse nos cœurs. Par ta miséricorde soutiens les familles, garde-les dans la fidélité de l'amour.

Que ton Évangile dicte nos lois. Que tous les peuples et les nations de la terre se réfugient en ton Cœur très aimant et jouissent de la Paix que Tu offres au monde par la Source pure, d'amour et de charité, de ton Cœur très miséricordieux.

Jésus, Toi le Fils bien-aimé du Père, nous Te louons pour l'Amour que ton Cœur Sacré nous révèle. Transpercé pour nous, il est devenu Fontaine de joie et Source de vie éternelle.

Jésus, l'invocation de ton Nom nous pacifie et nous garde dans l'Espérance. Toi, l'Amour, l'Amour non-aimé, Seigneur Jésus nous croyons en Toi, nous Te louons et nous T'aimons.

La puissance de ton Amour surpasse toute connaissance et Tu peux nous donner infiniment plus que nous ne pouvons demander.

Nous Te prions pour les enfants et les jeunes : qu'ils avancent dans la vie, guidés par la Foi et l'Espérance.

Qu'ils ouvrent leur cœur aux appels du « Maître de la Moisson ».

Nous te prions pour les familles unies et pour toutes celles qui sont en difficulté.

Nous confions nos malades à ton Cœur plein de tendresse et à ta miséricorde tous ceux qui vivent loin de Toi.

Cœur de Jésus, Toi qui par ta Croix as vaincu toutes divisions, donne la paix à notre monde et renouvelle en notre cœur le désir de répondre fidèlement à la richesse débordante de ton Amour miséricordieux qui ne cesse de nous dire : « N'ayez pas peur ! »

Oui, nous t'adorons, toi le Seigneur élevé sur la Croix entre terre et ciel, unique Médiateur de notre salut. Ta Croix est l'étendard de notre victoire.

Nous t'adorons, toi le Fils de la Vierge très sainte, qui se tient debout à côté de ta Croix, dans une attitude courageuse, partageant ton sacrifice rédempteur.

C'est par le bois sur lequel tu es crucifié qu'est venue la joie pour le monde entier « *Propter Lignum venit gaudium in universo mundo.* »

Nous en sommes encore plus conscients aujourd'hui, tandis que notre regard se tourne déjà vers le prodige ineffable de ta résurrection. « Nous adorons, Seigneur, ta Croix, nous louons et nous glorifions ta sainte Résurrection. »

NOUS T'ADORONS JÉSUS-CHRIST. Nous t'adorons à genoux. Nous ne trouvons ni les paroles ni les gestes qui suffisent à exprimer la vénération qui vient imprégner nos cœurs devant ta Croix, vénération dont nous sommes pénétrés devant le don de la Rédemption offert à toute l'humanité, à tous et à chacun par la soumission totale, inconditionnelle de ta volonté à celle du Père.

NOUS DÉSIRONS AUJOURD'HUI, Ô Christ, crier vers cette miséricorde qui est la plus grande force et puissance sur laquelle l'homme puisse prendre appui. Prends pitié, Ô Christ !

Que la puissance de ton amour se révèle une fois encore plus grande que le mal qui nous menace. Qu'elle se révèle plus grande que les multiples péchés provenant des abus de ce pouvoir toujours plus absolu que s'arroge le droit public sur la vie des hommes et de la société. Que la puissance de ta Croix, Ô Christ, se révèle plus grande que celle de l'auteur du péché qui se nomme « Prince de ce monde » (Jn 12,32). Car par ton Sang et ta Passion tu as racheté le monde !

Que votre Évangile dicte nos lois ; que votre justice gouverne nos tribunaux ; que votre force et votre clémence soutiennent et dirigent nos gouvernants ; que votre sagesse, votre Sainteté et votre zèle perfectionnent nos prêtres ; que votre grâce convertisse tous les fils et que votre gloire les couronne dans l'éternité ; afin que tous les peuples et les nations de la terre, contemplant la véritable joie et la félicité de notre cœur, se réfugient à leur tour dans votre cœur très aimant et jouissent de la paix qu'offre au monde cette source pure et ce symbole parfait d'amour et de charité.

Tu es le Christ, le Fils du Dieu vivant ! Au seuil du troisième millénaire, l'Église te salue, toi, le Fils de Dieu, qui es venu au monde pour vaincre la mort. Tu es venu illuminer la vie humaine par l'Évangile. L'Église te salue et c'est avec toi qu'elle veut entrer dans le troisième millénaire. Tu es notre espérance. Toi seul as les paroles de la vie éternelle.

Toi qui es le chemin, la vérité et la vie, conduis-nous ! Toi qui viens du Père, conduis-nous à lui dans l'Esprit-Saint, sur le chemin que toi seul connais et que tu nous as révélé pour que nous ayons la vie et que nous l'ayons en abondance.

Toi, ô Christ, Fils du Dieu vivant, sois pour nous la porte ! Sois pour nous la vraie porte, symbolisée par celle que nous avons ouverte en cette nuit solennelle. Sois pour nous la porte qui nous introduit dans le mystère du Père. Fais que personne ne soit exclu de ses bras de miséricorde et de paix...

SEIGNEUR, celui-ci est votre peuple. Toujours, ô Jésus, il vous reconnaîtra pour son Dieu. Il ne portera son regard sur d'autre étoile que celle de l'amour et de la miséricorde qui brille sur votre poitrine.

Que votre Cœur soit donc, ô notre Dieu, le phare lumineux de notre foi, l'ancre sûre de notre espérance, le symbole de nos étendards, le bouclier impénétrable de notre faiblesse, l'aurore merveilleuse d'une paix inébranlable, le lien étroit d'une sainte concorde, le nuage qui féconde nos champs, le soleil qui éclaire nos horizons, enfin, la très riche veine de la prospérité et de l'abondance dont nous avons besoin.

Et de plus, nous nous consacrons et nous confions sans réserve à votre divin Cœur, multipliez sans fin les années de notre paix.

JÉSUS, origine et accomplissement de l'homme nouveau, tourne vers toi nos cœurs, pour nous faire abandonner les sentiers de l'erreur et marcher à ta suite, sur la voie qui conduit à la vie. Permets que, fidèles aux promesses du Baptême, nous vivions pleinement notre foi et que nous rendions témoignage de ta parole avec courage, afin que, dans nos familles et dans la société, resplendisse la lumière vivifiante de l'Évangile.

JÉSUS, puissance et sagesse de Dieu, fais naître en nous l'amour de la sainte Écriture, où résonne la voix du Père, qui illumine et qui embrasse, qui nourrit et qui console. Toi, Parole du Dieu vivant, renouvelle l'élan missionnaire de l'Église, afin que tous les peuples parviennent à te connaître, Toi, vrai Fils de Dieu et vrai Fils de l'homme, unique Médiateur entre l'homme et Dieu.

JÉSUS, Fils unique du Père, plein de grâce et de vérité, lumière qui illumine tout homme, à ceux qui te cherchent d'un cœur sincère, donne ta vie en abondance. À toi, Rédempteur de l'homme, commencement et fin du temps et de l'univers, au Père, source inépuisable de tout bien, à l'Esprit Saint, sceau de l'amour infini, tout honneur et toute gloire pour les siècles des siècles.

Prières à l'Esprit Saint

Esprit de vérité,
qui es venu à nous le jour de la Pentecôte pour nous former à l'école du Verbe divin, remplis en nous la mission pour laquelle le Fils t'a envoyé.
Remplis tous les cœurs et suscite chez de nombreux jeunes l'aspiration à ce qui est authentiquement grand et beau dans la vie, le désir de la perfection évangélique, la passion pour le salut des âmes.
Soutiens les « ouvriers de la moisson » et donne la fécondité spirituelle à leurs efforts pour accomplir le bien.
Rends nos cœurs parfaitement libres et purs, et aide-nous à vivre en plénitude la marche à la suite du Christ, pour goûter comme le don ultime venant de toi la joie qui n'aura pas de fin.

GLOIRE À TOI, ô Esprit Saint,
Seigneur et Dispensateur de vie !
Par ta puissance,
l'Église est baptisée,
sombrant avec le Christ
dans la mort
et s'élevant avec lui
à la vie nouvelle.
Par ta puissance,
nous sommes libérés du péché
pour devenir les enfants de Dieu ;
le corps glorieux du Christ.
Par ta puissance,
toute peur est vaincue,
et l'Évangile de l'amour est prêché
dans tous les coins de la terre,
pour la gloire de Dieu,
le Père, le Fils et le Saint-Esprit.

ESPRIT DE VÉRITÉ,
qui scrute les profondeurs de Dieu, mémoire et force prophétique de l'Église, conduis l'humanité à reconnaître en Jésus de Nazareth le Seigneur de la gloire, le sauveur du monde le suprême accomplissement de l'histoire.
Viens, Esprit d'amour et de paix ! Esprit créateur mystérieux artisan du royaume, par la force de tes saints dons aide l'Église à franchir avec courage le seuil du nouveau millénaire, pour porter aux générations qui viennent la lumière de la parole qui sauve.

ESPRIT DE SAINTETÉ,
Souffle divin qui anime le cosmos, viens renouveler la face de la terre. Suscite chez les chrétiens le désir de la pleine unité, pour qu'ils soient dans le monde des signes de l'union intime avec Dieu et des instruments efficaces de l'unité de tout le genre humain.
Viens, Esprit d'amour et de paix ! Esprit de communion âme et soutien de l'Église, fais que la richesse des charismes et des ministères contribue à l'unité du Corps du Christ, fais que les laïcs, les consacrés et les ministres ordonnés travaillent ensemble à l'édification de l'unique Règne de Dieu.

ESPRIT CONSOLATEUR,
Source inépuisable de joie et de paix, suscite la solidarité envers ceux qui sont dans le besoin ; fournis aux malades le réconfort nécessaire, inspire à ceux qui sont dans l'épreuve la confiance et l'espérance, ravive l'ardeur de tous pour construire un avenir meilleur.
Viens, Esprit d'amour et de paix ! Esprit de sagesse toi qui touches les intelligences et les cœurs, guide les hommes dans leurs recherches scientifiques et techniques pour qu'ils se mettent au service de la vie, de la justice et de la paix. Rends fécond le dialogue avec ceux qui appartiennent à d'autres religions, fais que toutes les cultures s'ouvrent aux valeurs de l'Évangile.

ESPRIT DE VIE,
par qui le Verbe s'est fait chair dans le sein de la Vierge, femme du silence et de l'écoute, rends-nous dociles aux suggestions de ton amour, et toujours prêts à accueillir les signes des temps que tu places sur la route de l'histoire ;
Viens, Esprit d'amour et de paix ! À toi, Esprit d'amour, avec le Père tout-puissant et le Fils unique, soit la louange, l'honneur et la gloire pour les siècles sans fin.

Esprit Saint,
hôte très doux de nos cœurs,
dévoile-nous le sens profond du grand Jubilé
et dispose notre âme à le célébrer avec foi,
dans l'espérance qui ne déçoit pas,
dans la charité qui n'attend rien en retour.
Esprit de vérité, qui scrute les profondeurs de Dieu,
mémoire et force prophétique de l'Église,
conduis l'humanité à reconnaître en Jésus de Nazareth
le Seigneur de la gloire, le Sauveur du monde,
le suprême accomplissement de l'histoire.

ESPRIT CRÉATEUR,
mystérieux artisan du Royaume,
par la force de tes saints dons aide l'Église
à franchir avec courage le seuil du nouveau millénaire,
pour porter aux générations qui viennent
la lumière de la Parole qui sauve.
Esprit de sainteté, souffle divin qui anime le cosmos
viens renouveler la face de la terre.
Suscite chez les chrétiens le désir de la pleine unité,
pour qu'ils soient dans le monde
des signes de l'union intime avec Dieu
et des instruments efficaces
de l'unité de tout le genre humain.

ESPRIT DE COMMUNION,
âme et soutien de l'Église,
fais que la richesse des charismes et des ministères
contribue à l'unité du Corps du Christ ;
fais que les laïcs, les consacrés et les ministres ordonnés
travaillent ensemble à l'édification de l'unique Règne de Dieu.

Esprit consolateur, source inépuisable de joie et de paix,
suscite la solidarité envers ceux qui sont dans le besoin,
fournis aux malades le réconfort nécessaire,
inspire à ceux qui sont dans l'épreuve
la confiance et l'espérance,
ravive l'ardeur de tous pour construire un avenir meilleur.

ESPRIT DE SAGESSE,
toi qui touches les intelligences et les cœurs,
guide les hommes dans leurs recherches scientifiques et techniques
pour qu'ils se mettent au service de la vie, de la justice et de la paix.
Rends fécond le dialogue avec ceux qui appartiennent à d'autres religions,
fais que toutes les cultures s'ouvrent aux valeurs de l'Évangile.

Esprit de vie, par qui le Verbe s'est fait chair
dans le sein de la Vierge, femme du silence et de l'écoute,
rends-nous dociles aux suggestions de ton amour,
et toujours prêts à accueillir les signes des temps
que tu places sur les routes de l'histoire.

Prières à Marie

Béni soit Dieu le Père en Notre-Seigneur Jésus-Christ, qui vous a comblée, Vierge de Nazareth, de toutes bénédictions spirituelles dans le Christ. En lui, vous avez été conçue Immaculée ! Prédestinée pour être sa Mère, vous avez été rachetée en Lui et par Lui plus que toute autre créature. Préservée de l'héritage du péché originel, vous avez été conçue et vous êtes venue au monde en état de grâce sanctifiante. *Pleine de grâce !*

SALUT, Ô MARIE, *Alma Redemptoris Mater,* Sainte Mère de notre Rédempteur, vous qui êtes la première entre les rachetés, venez à notre secours. Aidez-nous, hommes et femmes de ce XXᵉ siècle qui touche à son terme, peuple du second millénaire après le Christ.

Aidez-nous à redécouvrir notre part du mystère de la Rédemption. Aidez-nous à comprendre plus profondément la dimension à la fois divine et humaine de ce mystère. Aidez-nous à puiser davantage dans ses inépuisables ressources.

Ô, Vous, rachetée par le très précieux Sang du Christ, aidez-nous. Nous vous le demandons en cette fête solennelle, Ô Clémente, Ô Tendre, Ô Douce Vierge Marie.

Étoile de la nouvelle évangélisation,
encourage-nous et accompagne-nous sur les pas d'une pastorale inlassablement missionnaire
avec un programme unique et décisif :
annoncer le Christ, Rédempteur de l'homme.
Que la mission devienne témoignage quotidien de chaque croyant,
dans ses propres conditions de vie ;
que grâce à elle soit renouvelé le visage chrétien de Rome,
afin qu'à tous apparaisse avec clarté que la fidélité au Christ change l'existence personnelle et modèle un avenir de paix, un avenir meilleur pour tous.

Notre-Dame de la transparence, en toi et à travers toi Dieu nous parle : donne-nous un cœur simple, remplis-nous d'allégresse.

Ô Vierge du Fiat et du Magnificat, rends nos cœurs transparents comme le tien. Notre-Dame de l'humilité, cachée dans la foule, enveloppée dans le mystère, aide-nous à porter la Bonne Nouvelle au monde et à nous immerger dans le mystère du Christ pour en communiquer quelque chose à nos frères.

Notre-Dame de la fidélité, Toi qui sans cesse « recherchais le visage du Seigneur », Toi qui as accepté le mystère et qui l'as médité dans ton cœur, Toi qui as vécu en accord avec ce que tu croyais, Toi qui fus l'exemple même de la constance dans l'épreuve comme dans l'exaltation, aide-nous à tenir nos engagements, en bons et fidèles serviteurs, jusqu'au dernier jour de notre vie sur la terre.

Ô Mère de l'Église,
Fais que l'Église vive dans la liberté et dans la paix pour accomplir sa mission de salut, et qu'à cette fin surgisse en elle une nouvelle maturité de foi et d'unité intérieure.

Nous te prions pour que, grâce à l'Esprit Saint, la foi s'approfondisse et s'affermisse dans tout le peuple chrétien, pour que la communion l'emporte sur tous les germes de division, pour que l'espérance soit ravivée chez ceux qui se découragent.

Nous te prions pour les vocations sacerdotales et religieuses, pour la vitalité de l'Église sur place et dans l'entraide missionnaire. Réconcilie ceux qui sont dans le péché, guéris ceux qui sont dans la peine, relève ceux qui ont perdu l'espérance et la foi.

À ceux qui luttent dans le doute, montre la lumière du Christ.

VIERGE MARIE, MÈRE du Christ et Mère de l'Église, avec joie et admiration, nous nous unissons à ton Magnificat : ton chant d'amour reconnaissant.

Avec Toi, nous rendons grâce à Dieu, dont « l'amour s'étend d'âge en âge », pour notre splendide vocation de baptisés.

Appelés par Dieu, chacun personnellement, à vivre en communion d'amour avec Lui, nous sommes envoyés pour rayonner la lumière du Christ.

Au seuil de ce nouveau millénaire, Lui seul donne un sens à notre vie. Son Amour nous permet d'avancer sur la route avec confiance.

TON CŒUR DE MÈRE se préoccupe sans cesse des nombreux dangers et des souffrances qui, souvent, nous écrasent.
Vierge courageuse, soutiens notre espérance et guide-nous pour que nous vivions toujours comme de véritables fils et filles de l'Église, appelés à établir sur la terre la civilisation de la Vérité et de l'Amour, selon le désir de Dieu et pour sa gloire.

Notre Mère très sainte, en cette heure de nouvelle évangélisation, prie pour nous le Rédempteur de l'homme ; qu'il nous sauve du péché et de tout ce qui nous rend esclaves ; qu'il nous unisse par le lien de la fidélité à l'Église et aux pasteurs qui la guident. Montre ton amour de Mère aux pauvres, à ceux qui souffrent et à ceux qui cherchent le règne de ton Fils. Soutiens nos efforts pour construire le continent de l'espérance solidaire dans la vérité, la justice et l'amour.

Nous nous réjouissons de l'abondance exceptionnelle de la grâce divine en vous, Ô Mère qui portez le nom d'Immaculée Conception.
Ô Mère, accueillez-nous comme nous sommes, ici près de vous. Accueillez-nous, regardez au fond de nos cœurs.

Accueillez nos soucis et nos espoirs !

Aidez-nous, vous pleine de grâce, à vivre dans la grâce, à persévérer dans la grâce et, si nécessaire, à revenir vers la grâce du Dieu vivant qui est le plus grand bien, le bien surnaturel de l'homme.

Préparez-nous pour la venue de votre Fils !

Acceptez-nous avec nos problèmes quotidiens, nos faiblesses et nos déficiences, nos crises et nos échecs personnels, familiaux et sociaux.

Ne nous laissez pas perdre cœur.

NE PERMETTEZ PAS que nous manquions de bonne volonté, de rectitude ou d'honnêteté dans notre conduite. Par votre prière, obtenez-nous la justice. Sauvez la paix dans le monde entier. Soyez avec nous, vous l'Immaculée. Soyez avec nous, avec Rome, avec l'Église, avec le monde.

Ô MARIE, Mère de Miséricorde, veille sur tous, afin que la Croix du Christ ne soit pas rendue vaine, que l'homme ne s'égare pas hors du sentier du bien, qu'il ne perde pas la conscience du péché, qu'il grandisse dans l'espérance en Dieu, « riche en miséricorde » (Ephésiens 2, 4), qu'il accomplisse librement les œuvres bonnes, préparées d'avance par Dieu (Ephésiens 2, 10) et qu'il soit ainsi, par toute sa vie, « à la louange de sa gloire » (Ephésiens 1, 12).

C'EST POURQUOI, ô notre Protectrice, tourne vers nous tes yeux de miséricorde, et Jésus, le fruit béni de ton sein, montre-le nous après cet exil. Ô miséricordieuse et bienveillante et douce Vierge Marie !
Regarde, ô dame bienveillante, ce peuple qui, depuis des siècles, t'est resté fidèle, à Toi comme à Ton Fils. Regarde cette nation qui a toujours déposé son espérance dans Ton amour maternel.

Regarde-nous, tourne vers nous Tes yeux de miséricorde, implore pour que tes enfants obtiennent ce dont ils ont le plus besoin. Pour les pauvres et les souffrants, ouvre les cœurs des riches. Aux chômeurs, trouve un travail. Aux rejetés, accorde-leur de trouver un toit pour s'abriter. Donne de l'amour à toutes les familles, l'amour qui permet de tout endurer. Aux jeunes, montre le chemin et des perspectives d'avenir.

Entoure les enfants du manteau de Ta protection pour qu'ils ne soient l'objet d'aucun outrage.

Les communautés monastiques, anime-les par la grâce de la foi, de l'espérance et de l'amour.

Les prêtres, apprends-leur à imiter Ton Fils. Apprends-leur à donner chaque jour leur vie pour leurs brebis.

Pour les évêques, qu'ils obtiennent la lumière de l'Esprit Saint, pour qu'ils conduisent cette Église, par le seul et simple chemin, jusqu'aux portes du Royaume de Ton Fils.

Mère Très Sainte, Dame du Calvaire, intercède aussi pour moi, pour que j'obtienne les forces du corps, les forces de l'esprit, pour que j'accomplisse ma mission jusqu'au bout, celle que le Ressuscité m'a confiée.

Je Te donne tous les fruits de ma vie et de mon service ; c'est à toi que je confie le destin de l'Église ; à toi que je recommande ma nation ; j'ai confiance en Toi et je te dis encore une fois : « Totus Tuus, Maria ! Totus Tuus. »

« TOTUS TUUS », tout à toi, Ô Mère ! Je vous demande Ô Marie de nous offrir tous, moi et mes frères, en signe de gratitude au Père des miséricordes, cachant et compensant notre pauvreté par vos mérites et ceux de votre divin Fils. Obtenez-nous d'être acceptés, bénis et fortifiés dans nos bonnes résolutions. Résolutions que nous voulons tresser comme une guirlande de fleurs, ornée d'un ruban tissé d'or, pour vous les offrir, Ô Mère, afin de faire, par vous, « tout ce qu'il nous dira ». Bénissez-nous, ô Mère très aimée.

Je te salue Marie, Femme pauvre et humble, bénie du Très-Haut !
Vierge de l'espérance, prophétie des temps nouveaux,
nous nous associons à ton hymne de louange
pour célébrer les miséricordes du Seigneur,
pour annoncer la venue du Règne
et la libération totale de l'homme.

Je te salue Marie, humble servante du Seigneur, glorieuse Mère du Christ !
Vierge fidèle, sainte demeure du Verbe,
enseigne-nous à persévérer dans l'écoute de la Parole,
à être dociles à la voix de l'Esprit,
attentifs à ses appels dans l'intimité de notre conscience
et à ses manifestations dans les événements de l'histoire.

JE TE SALUE Marie, Femme de douleur,
Mère des vivants !
Vierge épouse auprès de la Croix, nouvelle Ève,
sois notre guide sur les routes du monde,
enseigne-nous à vivre et à répandre l'amour du Christ,
enseigne-nous à demeurer avec Toi
auprès des innombrables croix
sur lesquelles ton Fils est encore crucifié.

Je te salue Marie, Femme de foi,
première entre les disciples !
Vierge, Mère de l'Église, aide-nous à rendre toujours compte de l'espérance qui est en nous,
ayant confiance en la bonté de l'homme
et en l'amour du Père.
Enseigne-nous à construire le monde, de l'intérieur :
dans la profondeur du silence et de l'oraison,
dans la joie de l'amour fraternel,
dans la fécondité irremplaçable de la Croix.

IMMACULÉE VIERGE MARIE,
Ton intacte beauté spirituelle
est pour nous source de vive confiance et d'espérance. La conscience que nous avons que tu es notre Mère, Très Sainte Vierge,
nous donne de l'assurance sur le chemin de notre vie,
comme une garantie de salut éternel.
Voilà pourquoi c'est à Toi, Marie,
que nous avons recours, le cœur plein de confiance.
Aide-nous à bâtir un monde où les hommes vont toujours aimer et protéger la vie de l'homme, renoncer à toute violence et aspirer à la paix, avec persévérance.

Sois pour nous un roc de courage et de fidélité, humble jeune fille de Nazareth,
Reine glorieuse du monde.
Offre notre prière au Verbe de Dieu,
qui, devenant ton Fils, est devenu notre frère.
Grâce à ton intercession très efficace,
puisse le Peuple de Dieu tout entier
et, en particulier, cette bien-aimée Église de Rome « avancer en eau profonde » vers la sainteté
qui constitue la condition décisive
pour tout apostolat fécond.
Mère de miséricorde et de paix,
Mère de Dieu immaculée, prie pour nous !

Ô MÈRE, Mère de Dieu et de l'Église,
En cette heure chargée de sens pour nous,
D'un seul cœur, d'une seule âme,
Comme Pierre, les Apôtres et les frères,
Nous unissons notre prière à la tienne au Cénacle.
Nous te confions notre vie,
Et te répétons tous et chacun : « Je suis tout à toi. »
Afin que tu assumes notre consécration
Pour l'unir à celle de Jésus et à la tienne.
Comme offrande à Dieu le Père pour la vie du monde.
Nous te prions de subvenir
Aux besoins de tes fils,
Comme tu l'as fait à Cana,
Émue par la situation d'une famille.

Ô VIERGE TRÈS SAINTE, sois l'unique consolation, la consolation permanente de l'Église que tu aimes et protèges. Console ses évêques et ses prêtres, ses missionnaires et ses religieux qui doivent éclairer et sauver la société moderne, difficile d'abord et souvent hostile.

Console les communautés chrétiennes, leur faisant don de nombreuses et solides vocations sacerdotales et religieuses.

Console tous ceux qui sont investis de responsabilités et d'autorité civile et religieuse, sociale et politique, afin que leur but soit toujours uniquement le bien commun et le développement intégral de l'homme malgré les difficultés et les échecs.

CONSOLE ce bon peuple qui t'aime et te vénère ; les nombreuses familles d'émigrants et de chômeurs, ceux qui souffrent, ceux dont le corps et l'âme portent les blessures que leur ont infligées des situations dramatiques ; les jeunes surtout qui, pour toutes sortes de raisons pénibles, se sentent abandonnés et frustrés ; tous ceux enfin qui ressentent dans leur cœur un grand besoin d'amour, d'altruisme, de charité, de don et qui ont un idéal élevé de conquêtes spirituelles et sociales !

Ô Mère Consolatrice, console-les tous et fais-leur comprendre que le secret du bonheur est la bonté et consiste à imiter fidèlement ton Fils, Jésus !

Ô Vierge Immaculée, Mère de Dieu et Mère de l'Église, qui, de cet endroit, révèles ta clémence et ta compassion envers tous ceux qui te demandent ta protection, écoute la prière que nous t'adressons avec une confiance filiale et présente la à ton Fils Jésus, notre seul Rédempteur.

Mère de Miséricorde, qui nous enseignes le sacrifice caché et silencieux, à Toi qui viens à la rencontre des pécheurs que nous sommes, nous consacrons en ce jour tout notre être et tout notre amour.

Nous Te consacrons aussi notre vie, notre travail, nos joies, nos faiblesses et nos peines.

ACCORDE LA PAIX, la justice et la prospérité à nos peuples ; car nous confions à tes soins, tout ce que nous avons et tout ce que nous sommes, ô Notre Dame et Notre Mère. Nous voulons être entièrement à Toi et marcher avec Toi le long du chemin de la complète fidélité à Jésus-Christ en Son Église : Que ta main aimante nous tienne toujours.

Pour les prêtres et les vocations

Ouvre le cœur et l'esprit des jeunes gens et des jeunes filles pour qu'une nouvelle floraison de saintes vocations montre la fidélité de ton amour, et que tous puissent connaître le Christ, vraie lumière venue dans le monde pour offrir à chaque être humain l'espérance assurée et la vie éternelle.

Seigneur Jésus-Christ, pasteur de nos âmes, toi qui continues d'appeler tant de jeunes gens et tant de jeunes filles qui vivent au sein des difficultés du monde d'aujourd'hui, ouvre leur intelligence pour qu'ils reconnaissent parmi les innombrables voix qui résonnent autour d'eux, ta voix unique, douce et puissante, qui répète aujourd'hui encore : « Viens, et suis-moi ».

Dirige l'enthousiasme des jeunes vers la générosité et rends-la sensible aux attentes des hommes qui réclament solidarité et paix, vérité et amour.
Oriente le cœur des jeunes vers la radicalité évangélique, capable de dévoiler à l'homme moderne les immenses richesses de ta charité.
Appelle-les avec ta bonté, pour les attirer à toi !
Prends-les avec ta douceur, pour les accueillir en toi !
Envoie-les avec ta vérité, pour les conserver en toi !

Pour les prêtres et les vocations

SEIGNEUR JÉSUS,
Toi qui es le Bon Pasteur, suscite dans toutes les communautés paroissiales des prêtres et de diacres, des religieux et des religieuses, des laïcs consacrés et des missionnaires, selon les nécessités de ce monde que tu aimes et que tu veux sauver.

Nous te confions en particulier notre communauté ; crée en nous le climat spirituel des premiers chrétiens, afin que nous puissions être un cénacle de prière, accueillant avec amour l'Esprit Saint et ses dons.

Assiste nos pasteurs et toutes les personnes qui se consacrent à Toi.

Guide les pas de ceux qui ont accueilli ton appel.

Tourne ton regard d'Amour vers tant de jeunes bien disposés, et appelle-les à ta suite.

SUSCITE dans le cœur des jeunes le désir d'être des témoins de la puissance de ton Amour dans le monde d'aujourd'hui. Jésus, Fils de Dieu, en qui demeure la plénitude de la divinité, Tu appelles tous les baptisés « à avancer au large », en parcourant le chemin de la sainteté.
Suscite dans le cœur des jeunes le désir d'être des témoins de la puissance de ton Amour dans le monde d'aujourd'hui. Remplis-les de ton Esprit de force et de prudence, pour qu'ils soient capables de découvrir la pleine vérité sur eux-mêmes et leur vocation propre.
Notre Sauveur, envoyé par le Père pour révéler son amour miséricordieux, fais à ton Église le don de jeunes prêts à avancer au large, pour être parmi leurs frères une manifestation de ta présence qui renouvelle et qui sauve.
Vierge Sainte, Mère du Rédempteur, guide assuré dans le chemin vers Dieu et le prochain, Toi qui as conservé ses paroles dans l'intimité

de ton Cœur, soutiens par ton intercession maternelle les familles et les communautés ecclésiales, afin qu'elles aident les adolescents et les jeunes à répondre généreusement à l'appel du Seigneur.

SEIGNEUR NOTRE DIEU, donne à la présence visible et courageuse des religieux dans le monde d'être signe parlant de ton amour. Permets que, chez les disciples que tu as choisis et établis dans la vie religieuse, la clarté de leur message, le don sans retour de leurs personnes, le désintéressement de leurs services, leur fidélité dans la prière soient perçus par des jeunes comme des appels de ta grâce. Accorde aux instituts qui ont tant apporté à ton Église de voir des vocations nombreuses les rejoindre afin que soit poursuivie leur irremplaçable mission.

Seigneur Jésus-Christ, donne à ceux que tu as bien voulu appeler tes amis de connaître en plénitude la joie que tu as promise : la joie de te louer, la joie de servir leurs frères, la joie de demeurer en ton amour.

À tous tes fils religieux, clercs et laïcs, à tes filles religieuses, aux membres des instituts séculiers, accorde, Seigneur, l'appui de ta grâce et l'abondance de tes bénédictions !

Marie, Mère de Jésus-Christ et Mère des prêtres, reçois ce titre que nous Te donnons pour célébrer Ta Maternité et contempler près de Toi Le Sacerdoce de Ton Fils et de Tes fils, Sainte Mère de Dieu !
Mère du Christ, Tu as donné au Messie Prêtre Son Corps de chair par l'action de l'Esprit Saint pour le salut des pauvres et des hommes au cœur contrit, garde les prêtres dans Ton Cœur et dans l'Église, Mère du Sauveur !
Mère de la Foi, Tu as accompagné au Temple le Fils de l'Homme, accomplissement des promesses faites à nos pères, confie au Père, pour Sa Gloire, les prêtres de Ton Fils, Arche de l'Alliance !

Mère de l'Église, au Cénacle, parmi les Disciples, Tu priais l'Esprit pour le peuple nouveau et ses pasteurs, obtiens à l'ordre des prêtres la plénitude des Dons, Reine des Apôtres !

Mère de Jésus-Christ, Tu étais avec Lui au début de Sa Vie et de Sa Mission, Tu L'as cherché, Maître parmi la foule, Tu L'as assisté, élevé de terre, consommé pour le Sacrifice Unique Éternel, et Tu avais près de Toi Jean, Ton fils ; accueille les appelés du Seigneur, lors de leurs premiers pas sur leur chemin, protège leur croissance, accompagne dans la vie et dans le ministère ceux qui sont Tes fils, Ô Toi, Mère des prêtres.

Esprit d'Amour éternel, qui procèdes du Père et du Fils, nous te remercions pour toutes les vocations d'apôtres et de saints qui ont fécondé l'Église. Continue ton œuvre, nous t'en prions.
Esprit Saint, source éternelle de joie et de paix c'est Toi qui ouvres le cœur et l'esprit à l'appel divin ; c'est Toi qui rends efficace tout élan vers le bien, vers la vérité, vers la charité.
Regarde ton Église qui a aujourd'hui un besoin particulier de prêtres saints, de témoins fidèles et autorisés de ta grâce, qui a besoin d'hommes et de femmes consacrés.

Prières pour la famille, la jeunesse, la vie

ACCORDE à nos familles la grâce d'aimer et de respecter la vie à ses débuts, avec le même amour que celui avec lequel tu conçus en ton sein la vie du Fils de Dieu.

Bienheureuse Vierge Marie, protège nos familles, afin qu'elles soient toujours unies et bénis l'éducation de nos enfants.

Notre Espérance, jette sur nous un regard de compassion, apprends-nous à aller sans cesse à Jésus et, si nous tombons, aide-nous à nous relever à nouveau, à retourner vers Lui par la confession de nos fautes et nos péchés dans le Sacrement de la Réconciliation qui donne la paix à l'âme.

Ô Sainte Famille de Nazareth, communauté d'amour de Jésus, Marie et Joseph, modèle et idéal de toute famille chrétienne, nous te confions nos familles.

Ouvre le cœur de chaque foyer domestique à la foi, à l'accueil de la parole de Dieu, au témoignage chrétien, pour qu'il devienne une source de nouvelles et saintes vocations.

Dispose l'esprit des parents, afin que, avec une prompte charité, un soin plein de sagesse et une tendre piété, ils soient pour leurs enfants des guides sûrs vers les biens spirituels et éternels.

Suscite dans l'esprit des jeunes une conscience droite et une volonté libre pour que, grandissant « en sagesse, en âge et en grâce », ils accueillent généreusement le don de la vocation divine.

SAINTE FAMILLE de Nazareth, fais que nous tous, en contemplant et en imitant la prière assidue, l'obéissance généreuse, la pauvreté digne et la pureté virginale vécues en ton sein, nous nous disposions à accomplir la volonté de Dieu et à accompagner avec une prévoyante délicatesse tous ceux qui, parmi nous, sont appelés à suivre de plus près le Seigneur Jésus, qui « s'est livré lui-même pour nous ».

QUE LE CHRIST SEIGNEUR, Roi de l'univers, Roi des familles, soit présent, comme à Cana, dans tout foyer chrétien, pour lui communiquer lumière, joie, sérénité et force.

Que toute famille sache apporter généreusement sa contribution à l'avènement de son règne dans le monde.

Au Christ, à toi Marie, nous confions nos familles.

VIERGE MARIE, Mère de l'Église, sois la Mère de nos familles.

Que grâce à ton aide maternelle, toute famille chrétienne puisse devenir vraiment une « petite Église », dans laquelle se reflète et revive le mystère de l'Église du Christ !

Toi qui es la servante du Seigneur, sois l'exemple de l'accueil humble et généreux de la volonté de Dieu ! Toi qui fus la Mère douloureuse au pied de la croix, sois là pour alléger les souffrances et essuyer les larmes de ceux qui sont affligés par les difficultés de leurs familles !

SAINT JOSEPH, avec toi, pour toi, nous bénissons le Seigneur. Il t'a choisi entre tous les hommes pour être le chaste époux de Marie, celui qui se tient au seuil du mystère de sa maternité divine, et qui, après elle, l'accueille dans la foi comme l'œuvre du Saint-Esprit. Tu as donné à Jésus une paternité légale en lien avec la lignée de David. Tu as constamment veillé sur la Mère et l'Enfant avec une sollicitude affectueuse, pour assurer leur vie et leur permettre d'accomplir leur destinée. Le Sauveur Jésus a daigné se soumettre à toi comme à un père, durant son enfance et son adolescence, et recevoir de toi l'apprentissage de la vie humaine, pendant que tu partageais sa vie dans l'adoration de son mystère. Tu demeures auprès de lui. Continue à protéger toute l'Église, la famille qui est née du salut de Jésus. Protège spécialement ce peuple [...] qui s'est placé sous ton patronage. Aide-le à s'approcher à son tour du mystère du Christ dans les dispositions de la foi, de soumission et d'amour qui ont été les tiennes. Regarde les besoins spirituels et matériels de ceux qui recourent à ton intercession, en particulier des familles et des pauvres de toutes pauvretés ; par toi, ils sont sûrs de rejoindre le regard maternel de Marie et la main de Jésus qui les secourt.

Ô MARIE, aurore du monde nouveau, Mère des vivants, nous Te confions la cause de la vie : regarde, Ô Mère, le nombre immense des enfants que l'on empêche de naître, des pauvres pour qui la vie est rendue difficile, des hommes et des femmes victimes d'une violence inhumaine, des vieillards et des malades tués par l'indifférence ou par une pitié fallacieuse.

Fais que ceux qui croient en Ton Fils
sachent annoncer aux hommes de notre temps, avec fermeté et avec amour, l'Évangile de la vie.
Obtiens-leur la Grâce de l'accueillir
comme un don toujours nouveau, la joie de le célébrer avec reconnaissance dans toute leur existence et le courage d'en témoigner avec une ténacité active afin de construire, avec tous les hommes de bonne volonté, la civilisation de la vérité et de l'amour,
à la Louange et à la Gloire de Dieu Créateur qui aime la vie.

Ô Dieu, de qui vient toute paternité au ciel et sur la terre, Toi, Père, qui es Amour et Vie, fais que sur cette terre, par ton Fils, Jésus Christ, « né d'une Femme », et par l'Esprit Saint, source de charité divine, chaque famille humaine devienne un vrai sanctuaire de la vie et de l'amour pour les générations qui se renouvellent sans cesse.

Que ta grâce oriente les pensées et les actions des époux vers le plus grand bien de leurs familles, de toutes les familles du monde.

Que les Jeunes générations trouvent dans la famille un soutien inébranlable qui les rende toujours plus humaines et les fasse croître dans la vérité et dans l'amour.

QUE L'AMOUR, affermi par la grâce du sacrement de mariage, soit plus fort que toutes les faiblesses et toutes les crises que connaissent parfois nos familles.
Enfin, nous te le demandons par l'intercession de la Sainte Famille de Nazareth, qu'en toutes les nations de la terre l'Église puisse accomplir avec fruit sa mission dans la famille et par la famille, Toi qui es la Vie, La Vérité et l'Amour dans l'unité du Fils et du Saint-Esprit.

Seigneur Jésus-Christ, garde les jeunes dans ton amour. Fais qu'ils entendent ta voix et qu'ils croient à ce que tu leur dis, car toi seul as les paroles de la vie éternelle.

Apprends-leur comment professer leur foi, comment faire don de leur amour, comment communiquer leur espérance aux autres.

Fais d'eux des témoins crédibles de ton Évangile, dans un monde qui a tant besoin de ta grâce qui sauve.

Fais d'eux le nouveau peuple des Béatitudes pour qu'ils soient le sel de la Terre et la lumière du monde.

Au début du troisième millénaire chrétien,
Marie, Mère de l'Église,
protège et guide ces jeunes hommes
et ces jeunes femmes du XXIe siècle.

Prières pour la paix

Ô MÈRE, obtiens pour nous que la vérité de l'affirmation : « Il n'y a pas de paix sans justice, il n'y a pas de justice sans pardon », s'imprime dans le cœur de tous. La famille humaine pourra ainsi retrouver la paix véritable, qui naît de la rencontre entre la justice et la miséricorde. Mère sainte, Mère du Prince de la Paix, aide-nous ! Mère de l'humanité et Reine de la Paix, prie pour nous !

PÈRE, donne-nous la grâce de nous aimer les uns les autres, afin que, dans l'unité de l'Esprit, nous professions notre foi en vivant dans la concorde et la sainte paix, témoins de l'Évangile de salut de l'unique Seigneur du ciel et de la terre, Jésus-Christ, ton Fils, qui vit et règne dans les siècles des siècles.

ACCORDE-NOUS, SEIGNEUR, LA paix et l'unité. Que la paix du Christ nous guide dans notre vie : dans la paix, Dieu nous a tous appelés à former un seul corps.

Accorde-nous, Seigneur, la paix et l'unité. Dans sa chair, Jésus-Christ a détruit tous les murs de séparation : par sa mort sur la croix, il a détruit toute hostilité. Il n'y a qu'un seul Seigneur, une seule foi, un seul baptême. Il n'y a qu'un seul corps et un seul Esprit, et nous sommes tous appelés à une seule espérance.

NOUS RECONNAISSONS en particulier le visage des enfants, quels que soit la race, le pays et la culture auxquels ils appartiennent.

Pour eux, Ô Marie, pour leur avenir, nous te demandons d'émouvoir les cœurs endurcis par la haine, afin qu'ils s'ouvrent à l'amour et que la vengeance cède finalement la place au pardon.

J'ÉLÈVE MA PRIÈRE vers le Créateur de la nature et de l'homme, de la vérité et de la beauté : Écoute ma voix, car elle est la voix de toutes les victimes de toutes les guerres et de la violence entre individus et entre nations.

Écoute ma voix, car elle est la voix de tous les petits enfants qui souffrent et souffriront chaque fois que les peuples mettront leur confiance dans les armes et dans la guerre.

Écoute ma voix quand je te prie de répandre dans le cœur de tous les êtres humains la sagesse de la paix, la force de la justice et la joie de l'amitié.

DIEU DE NOS PÈRES, Grand et Miséricordieux, Seigneur de la paix et de la vie, Père de tous, tu as des projets de paix et non d'affliction, tu condamnes les guerres et tu abats l'orgueil des violents.

Tu as envoyé ton Fils Jésus pour annoncer la paix à ceux qui sont proches ou loin, pour réunir les hommes de chaque race et de chaque origine en une seule famille.

Écoute le cri unanime de tes fils, la supplication pleine de tristesse de toute l'humanité : plus jamais la guerre, aventure sans retour,

plus jamais la guerre, spirale de deuil et de violence ; non à cette guerre qui est une menace pour tes créatures dans le ciel, sur la terre et la mer.

En communion avec Marie, la Mère de Jésus, nous te supplions encore :

parle au cœur des responsables du destin des peuples, arrête la logique des représailles et de la vengeance,

suggère par ton Esprit de nouvelles solutions, des gestes généreux et honorables, des possibilités de dialogue et de patiente attente, qui soient plus féconds que les rapides décisions de guerre. Accorde à notre époque des jours de paix.

« Ave, Mère sainte ! » Vierge, Fille de Sion, comme ton cœur de Mère doit souffrir de ce sang !

L'enfant, que tu serres contre ta poitrine, porte un nom cher aux peuples de religion biblique : « Jésus », qui signifie « Dieu sauve ». C'est ainsi que l'appela l'archange avant qu'il ne soit conçu dans ton sein [voir Lc 2, 21].

Sur le visage du Messie nouveau-né, nous reconnaissons le visage de chacun de tes enfants outragés et exploités.

REINE DE LA PAIX, prie pour nous !
Mère de miséricorde et d'espérance,
obtient pour les hommes et les femmes du troisième millénaire
le don précieux de la paix :
paix dans les cœurs et dans les familles, dans les communautés et entre les peuples ;
paix surtout pour les nations
où l'on continue chaque jour à combattre et à mourir.
Fait que tout être humain, de toutes les races et de toutes les cultures,
rencontre et accueille Jésus,
venu sur la Terre dans le mystère de Noël
pour nous donner « sa » paix.
Marie, Reine de la paix,
donne-nous le Christ, la vraie paix du monde !

ENTENDS MA VOIX, Seigneur, car c'est celle des victimes de toutes les guerres et de toutes les violences entre les individus et les peuples...

Entends ma voix, car c'est celle de tous les enfants qui souffrent et qui souffriront tant que les gens mettront leur confiance dans les armes et la guerre...

Entends ma voix, quand je te prie d'insuffler dans le cœur de tous les humains la sagesse de la paix, la force de la justice et la joie de l'amitié...

Entends ma voix, car je te parle pour les multitudes qui, dans tous les pays et en tous les temps, ne veulent pas la guerre et sont prêtes à parcourir la route de la paix...

Entends ma voix et donne-nous la force de savoir répondre toujours à la haine par l'amour, à l'injustice par un total engagement pour la justice, à la misère par le partage...

Entends ma voix, ô Dieu, et accorde au monde (spécialement au Moyen-Orient) ta paix éternelle.

ÉCOUTE MA VOIX parce que je parle pour les foules de tous pays et de toute période de l'histoire qui ne veulent pas la guerre et sont prêts à parcourir le chemin de la paix.
Écoute ma voix et donne-nous la capacité et la force afin de pouvoir répondre à la haine par l'amour, à l'injustice par un total dévouement à la justice, à la misère par notre solidarité, à la guerre par la paix.
Ô Dieu, écoute ma voix et donne Ta paix, au monde, pour toujours !

Prières pour ceux qui souffrent

MÈRE de toutes nos routes tortueuses et de toutes nos vies fracturées, accorde-nous, toi pleine de grâce, de vivre dans la grâce et de persévérer.
Reçois-nous avec nos problèmes quotidiens, nos déficiences, nos crises personnelles, familiales, sociales.
Par ta prière, obtiens-nous la justice.
Nous te confions et te consacrons
tous ceux qui sont rejetés,
tous ceux qui ont la nostalgie d'un abri, et tous ceux qui se sentent seuls.
Répands dans notre cœur à tous la sagesse de la paix, la force de la justice et la joie de l'amitié.

SEIGNEUR JÉSUS, MÉDECIN DIVIN, toi qui, au cours de ta vie terrestre, as témoigné un amour de prédilection envers ceux qui souffrent et qui as confié à tes apôtres le ministère de guérison, dispose-nous à être toujours empressés à soulager les souffrances de nos frères. Fais que chacun d'entre nous soit conscient de la grande mission qui lui a été confiée et qu'il s'efforce d'être toujours un instrument de ton amour miséricordieux dans son service quotidien. Éclaire nos esprits, guide nos mains, rends nos cœurs attentifs et compatissants. Fais nous voir dans chaque malade les traits de ton Visage divin.

Toi qui es la Voie, donne-nous de savoir t'imiter chaque jour, non seulement comme médecins des corps, mais comme médecins de toute la personne, en aidant nos malades à poursuivre en toute confiance leur parcours terrestre jusqu'au moment de leur rencontre avec Toi.

Toi qui es la Vérité, donne-nous la sagesse et la science, pour pénétrer dans le mystère de l'homme et de sa destinée transcendante, lorsque nous le rencontrons pour découvrir les causes de son mal et pour en trouver les bons remèdes.

SOIS BÉNIE par-dessus toutes choses, toi, servante du Seigneur, qui as obéi de la façon la plus parfaite à l'appel divin !

Sois saluée, toi qui es entièrement unie à la consécration rédemptrice de ton Fils !

Mère de l'Église ! Éclaire le peuple de Dieu sur les chemins de la foi, de l'espérance et de la charité ! Aide-nous à vivre dans toute la vérité de la consécration du Christ pour l'entière famille humaine du monde contemporain.

En te confiant, Ô Mère, le monde, tous les hommes, tous les peuples, nous te confions aussi la consécration elle-même pour le monde, nous la plaçons dans ton cœur maternel.

REINE DE LA PAIX, prie pour nous !
Notre regard se tourne vers toi avec une plus grande anxiété,
nous avons recours à toi avec une confiance plus insistante en ces temps marqués par de nombreuses incertitudes et craintes
pour le destin présent et futur de notre Planète.
À Toi, prémices de l'humanité sauvée par le Christ,
finalement libérée de l'esclavage du mal et du péché,
nous élevons ensemble une supplication sincère et confiante :
entends le cri de douleur des victimes
des guerres et de tant de formes de violence,
qui ensanglantent la Terre.
Dissipe les ténèbres de la tristesse et de la solitude,
de la haine et de la vengeance.

Ouvre l'esprit et le cœur de tous à la confiance et au pardon !

Ô Cœur Immaculé ! Aide-nous à vaincre la menace du mal qui, si facilement, s'enracine dans les cœurs des hommes d'aujourd'hui et dont les effets incommensurables pèsent déjà sur notre génération et semblent fermer les voies de l'avenir.

SEIGNEUR, voilà plus de [...] ans que Tu m'as fait le don inestimable de la vie, et depuis ma naissance, Tu n'as cessé de me combler de tes grâces et de ton amour infini.

Au cours de toutes ces années se sont entremêlés de grandes joies, des épreuves, des succès, des échecs, des revers de santé, des deuils, comme cela arrive à tout le monde.

Avec ta grâce et ton secours, j'ai pu triompher de ces obstacles et avancer vers Toi. Aujourd'hui, je me sens riche de mon expérience et de la grande consolation d'avoir été l'objet de ton amour. Mon âme te chante sa reconnaissance.

Mais je rencontre quotidiennement dans mon entourage des personnes âgées que Tu éprouves fortement : elles sont paralysées, handicapées, impotentes et souvent n'ont plus la force de Te prier, d'autres ont perdu l'usage de leurs facultés mentales et ne

peuvent plus T'atteindre à travers leur monde irréel. Je vois agir ces gens et je me dis : « Si c'était moi ? »
Alors, Seigneur, aujourd'hui même, tandis que je jouis de la possession de toutes mes facultés motrices et mentales, je T'offre à l'avance mon acceptation à ta sainte volonté, et dès maintenant je veux que si l'une ou l'autre de ces épreuves m'arrivait, elle puisse servir à ta gloire et au salut des âmes.

JE REMETS entre tes mains la fatigue et la sueur de ceux qui travaillent de leurs propres mains ; le noble dévouement de ceux qui transmettent leur savoir et les efforts de ceux qui apprennent ; la belle vocation de ceux qui, par leur science et leur service, soulagent la douleur d'autrui ; le rôle de ceux qui cherchent la vérité avec intelligence.

DIEU TOUT-PUISSANT et toujours vivant, Père des pauvres, réconfort des malades, espérance des mourants, ton amour guide chaque instant de notre vie. Nous élevons vers toi nos esprits et nos cœurs dans la prière. Nous te louons pour le don de la vie humaine et tout spécialement pour la promesse de la vie éternelle. Nous savons que tu es toujours proche de ceux qui ont le cœur brisé et des pauvres, et de tous les faibles et des malades.
Ô Dieu de tendresse et de compassion, accepte les prières que nous offrons pour nos frères et sœurs malades. Augmente leur foi et leur confiance en toi. Réconforte-les de ta présence aimante et, si c'est ta volonté, restaure leur santé, donne à leur corps et leur âme une force renouvelée.
Ô Père aimant, bénis les mourants, bénis tous ceux qui te rencontreront bientôt face à face. Nous croyons que tu as fait de la mort la porte de la vie éternelle. Garde nos frères et nos

sœurs mourants dans ton amour et conduis-les d'une main sûre jusqu'à la demeure de la vie éternelle avec toi.

Ô Dieu, source de toute force, regarde et protège ceux qui s'occupent des malades et assistent les mourants. Donne-leur un esprit de courage et de douceur. Soutiens-les dans leurs efforts pour apporter réconfort et guérison. Fais d'eux toujours davantage un signe rayonnant de ton amour transformant. Ô Seigneur de la vie et fondement de notre espérance, répands tes abondantes bénédictions sur tous ceux qui guérissent et assistent ceux qui meurent. Remplis-les de ta paix et de ta grâce. Fais qu'ils voient que tu es un Père aimant, un Dieu de miséricorde et de compassion.

SEIGNEUR DE LA VIE et de l'espérance, comme tes paroles sont éloquentes pour nous aujourd'hui ! En Toi, chaque limite humaine est rachetée et délivrée. Grâce à Toi, le handicap n'est pas le dernier mot de l'existence. C'est l'amour qui est le dernier mot, c'est ton amour qui donne un sens à la vie.

Aide-nous à orienter notre cœur vers Toi ; aide-nous à reconnaître ton visage qui resplendit en chaque créature humaine lorsqu'elle est éprouvée par les épreuves, par les difficultés et par la souffrance.
Fais-nous comprendre que « *la gloire de Dieu est l'homme vivant* » (Irénée de Lyon, Adv. haer., 4, 20, 7), et fais qu'un jour, nous puissions goûter, dans la vision divine, avec Marie Mère de l'humanité, la plénitude de la vie que Tu as rachetée.

Salut Marie, Mère du Christ et de l'Église ! Douceur de notre vie, notre espérance, salut !

Je confie à ton cœur les besoins de toutes les familles, les joies des enfants, les désirs des jeunes, les préoccupations des adultes, les souffrances des malades et la vieillesse sereine des personnes âgées.

Je te confie la fidélité et l'abnégation des ministres de ton Fils, l'espérance de ceux qui se préparent à ce ministère, la donation joyeuse des vierges cloîtrées, l'oraison et le dévouement des religieux et religieuses, la vie et l'engagement de tous ceux qui travaillent pour le Règne du Christ sur cette terre.

Prières pour la France

ICI, SUR CETTE TERRE DE FRANCE, je confie, ô Mère de Dieu, à ton amour maternel les fils et les filles de ce peuple. Ils n'ont pas cessé de t'honorer, dans leurs traditions, dans l'art de leurs cathédrales, dans leurs pèlerinages, dans la piété populaire comme dans la dévotion des auteurs spirituels, sûrs de demeurer proches du Christ en te contemplant, en t'écoutant, en te priant.

Beaucoup ont tenu à se consacrer à toi, y compris des rois, comme l'a fait Louis XIII au nom de son peuple. Ô Marie, obtiens pour ces frères et sœurs de France les dons de l'Esprit-Saint, afin de donner une nouvelle jeunesse, la jeunesse de la foi, à ces chrétiens et à leurs communautés, que je confie à ton Cœur Immaculé, à ton amour maternel.

Ô Vierge très Sainte, nous te présentons tes fils et tes filles de France. Garde l'Église sur cette terre dans la fidélité de l'Évangile de ton Fils, dans l'unité de la foi et le dynamisme de l'Espérance. Fais des baptisés de ce peuple des témoins courageux de la vérité et des bâtisseurs de Paix. Mère admirable, étends ton manteau de tendresse sur les familles de cette terre, afin qu'elles connaissent le bonheur d'aimer et de transmettre la vie. Vierge fidèle, aide les jeunes que je vois ici si nombreux, aide les jeunes à avancer dans la vie. Aide les jeunes car ils sont l'espérance et la joie de l'Église, de votre pays, de la France !

Aide les fils de l'Église en France à faire face aux difficultés de cette époque dans une loyale collaboration avec leurs compatriotes qui appartiennent à d'autres traditions religieuses ou d'autres familles d'esprit. Tu as donné au monde le Christ Sauveur, ouvre les cœurs à toute détresse, inspire à chacun des gestes de la solidarité et de l'accueil à l'égard des frères de nations plus démunies. Ô Notre-Dame, Patronne de la France, Toi qui as célébré les merveilles du Seigneur, Toi qui as chanté la fidélité de Dieu aux promesses faites à nos pères, nous Te bénissons, car Tu es Celle qui a cru en l'accomplissement de la Parole de Dieu et en son Amour qui s'étend d'âge en âge.

Table des matières

Achevé d'imprimer en avril 2011
6e anniversaire de la mort
du bienheureux Jean-Paul II.
Pour le compte des éditions ARTÈGE
par SARL Pulsio, 75 018 Paris.
ISBN : 978-2-36040-037-9